일대일 사역

네비게이토 선교회는
국제적이며 복음적인 기독교 기관이다.
예수 그리스도께서는 자기를 따르는 자들에게
"너희는 가서 모든 족속으로 제자를 삼으라"
(마태복음 28:19)는 지상사명을 주셨다.
네비게이토 선교회는 세계 모든 국가에서
예수 그리스도의 일꾼들을 배가시켜
이 지상사명의 성취를 돕는 것을
근본 목표로 하고 있다.

네비게이토 출판사는
네비게이토 선교회의 문서 선교를 담당하고 있다.
본 출판사에서는 그리스도인의 영적 성장을 돕는
서적과 자료들을 출판하여,
그리스도인의 삶의 기초가 견고한
헌신된 제자로 성장하게 하고,
나아가 성숙한 인격과 지도력을 갖춘
일꾼이 되도록 돕고 있다.

일대일 사역

MAN TO MAN

잭 그리핀
Jack Griffin

TO KNOW CHRIST AND TO MAKE HIM KNOWN

차 례

저자 소개 ·· 7

"당신이 그를 가르치시오!" ························· 9

일대일 사역이란 무엇인가 ························· 13

일대일 사역을 시작하는 방법 ··················· 17

일대일 사역의 일반적인 지침 ··················· 23

일대일 개인 교제 시간을 위한 실제적인 제안 ····· 35

저자 소개

잭 그리핀은 오스트레일리아의 네비게이토 선교회 역사에서 독특한 위치를 차지하고 있습니다. 그는 1959년 시드니에서 열린 빌리 그래함 전도 집회를 통하여 주님을 영접했습니다. 2년 후 그는 네비게이토에서 훈련받은 한 사업가로부터 영적 도움을 받기 시작했습니다. 그 후 잭과 그의 아내 메이는 오스트레일리아에서 선교 사역을 시작했습니다. 하나님께서는 그들에게 충성된 사람을 주셨으며, 그들은 하나님께서 그들의 사역을 배가시켜 주시는 것을 보았습니다.

"당신이 그를 가르치시오!"

지금으로부터 50여 년 전의 일입니다. 미군 함정 웨스트버지니아 호에서 근무하는 레스 스펜서라는 해군 병사가 있었습니다. 그는 신학교에 들어갈 돈을 벌기 위하여 해군에 입대했습니다. 그러나 그는 해군에 복무하면서 그의 목표를 잊어버리고 주님으로부터 멀어져 방황하였습니다. 그를 알고 있는 한 부인이 그를 위해 매일 기도했습니다. 그 부인은 하나님께서 크게 사용하고 계시는 도슨 트로트맨이라는 젊은이를 알고 있었습니다. 그녀는 도슨에게 그 해군 병사를 영적으로 도와달라고 부탁했습니다.

도슨은 레스 스펜서를 만나 보기로 했습니다. 두 사람은 해군 부두에서 만나 도슨의 차를 타고 어느 조그만 산

위로 올라갔습니다. 거기서 그들이 대화를 막 시작하는데 한 경관이 다가와 그들이 무엇을 하고 있는지 알고 싶어 했습니다. 도슨은 그에게 성경을 보여 주었습니다. 그 경관은 성경을 쳐다보고 나서 도슨을 또 쳐다보더니 질문을 하기 시작했습니다.

도슨은 한 시간 동안 그 경관이 질문할 때마다 인간적인 논리가 아니라 성경 말씀으로 대답을 해주었습니다. 스펜서는 도슨이 그토록 능수능란하게 말씀을 사용하여 복음을 전하는 것을 보고 큰 감명을 받았습니다.

산을 내려오면서 레스 스펜서는 도슨에게, "당신이 오늘밤 한 것처럼 나도 할 수 있다면 어떠한 희생이라도 치르겠습니다" 하고 말했습니다.

도슨이 그에게 이렇게 말했습니다. "내가 오늘밤 한 것처럼 당신도 할 수 있습니다. 그렇게까지 큰 희생을 치를 필요는 없습니다. 하지만 준비를 위해서는 약간의 값을 치러야 할 것입니다. 성경 말씀을 공부하고, 또 암송하고, 힘찬 기도 생활을 하는 것 등 여러 가지가 필요합니다."

이렇게 해서 레스 스펜서는 개인적인 도움을 얻기 위해 일주일에 두세 번씩 밤에 도슨 트로트맨의 집을 방문했습니다. 얼마 지나지 않아 그는 다른 해군 동료를 주님께로 인도했습니다.

그는 동료를 도슨에게 데리고 와서, "당신이 내게 가르쳐 준 것을 그에게도 가르쳐 주십시오" 하고 말했습니다. 도슨은, "아니요, 당신이 그를 가르치시오" 하고 말해 주었습니다.

이것이 네비게이토 사역의 시작이었습니다. 한 사람이 다른 사람을 훈련시키고 다시 그가 또 다른 사람을 훈련시키는 것입니다.

여기서 일대일 사역이 무엇인지 살펴보기 전에 먼저 이 일대일 사역이 네비게이토 선교회에서 만든 하나의 훈련 방법이 아니라 바로 신약성서의 방법이라는 것을 잘 보여주는 세 개의 성경 말씀을 소개하고자 합니다.

"그리스도 안에서 일만 스승이 있으되 아비는 많지 아니하니, 그리스도 예수 안에서 복음으로써 내가 너희를 낳았음이라." (고린도전서 4:15)

"너희도 아는 바와 같이 우리가 너희 각 사람에게 아비가 자기 자녀에게 하듯 권면하고 위로하고 경계하노니." (데살로니가전서 2:11)

"그러므로 너희가 일깨어 내가 삼 년이나 밤낮 쉬지 않고 눈물로 각 사람을 훈계하던 것을 기억하라." (사도행전 20:31)

일대일 사역이란 무엇인가

일대일 사역이란 말 그대로 한 사람을 일대일로 만나 서로 얼굴을 마주하여 삶과 사역 전반에 걸친 일을 나눔으로써 그가 영적으로 성장하도록 도와주는 것입니다. 이렇게 하여 그는 하나님의 은혜로 점점 영적으로 성숙하게 됩니다. "우리가 이같이 너희를 사모하여 하나님의 복음으로만 아니라 우리 목숨까지 너희에게 주기를 즐겨함은 너희가 우리의 사랑하는 자 됨이니라"(데살로니가전서 2:8).

"우리가 다 하나님의 아들을 믿는 것과 아는 일에 하나가 되어 온전한 사람을 이루어 그리스도의 장성한 분량이 충만한 데까지 이르리니"(에베소서 4:13).

일대일 사역은 개인적으로 충성된 사람들에게 관심을

쏟습니다. "또 네가 많은 증인 앞에서 내게 들은 바를 충성된 사람들에게 부탁하라. 저희가 또 다른 사람들을 가르칠 수 있으리라"(디모데후서 2:2).

충성된 사람이란 믿고 의뢰할 수 있는 사람입니다. 어떤 일을 하라고 하면 그대로 행하는 사람입니다. 여호수아는 충성된 사람이었습니다. "여호와께서 그 종 모세에게 명하신 것을 모세는 여호수아에게 명하였고, 여호수아는 그대로 행하여 여호와께서 무릇 모세에게 명하신 것을 하나도 행치 아니한 것이 없었더라"(여호수아 11:15). 어떤 사람이 충성된 사람인지 아닌지 알 수 있는 한 가지 방법은 어떤 조그만 일을 하도록 해보는 것입니다. 간단한 과제가 좋습니다. 누가복음 16:10에서 예수님께서는 "지극히 작은 것에 충성된 자는 큰 것에도 충성되고 지극히 작은 것에 불의한 자는 큰 것에도 불의하니라"고 하셨습니다.

월터 헨릭슨은 그의 저서 '훈련으로 되는 제자', 제1장 '하나님께서 쓰시는 사람'에서 충성된 사람의 9가지 특징을 제시하고 있습니다. 이것은 충성된 사람을 분별하는

데 많은 도움을 줄 것입니다.

1. 그는 하나님께서 성경에 제시하신 삶의 목표를 자신의 삶의 목표로 받아들인다. 그는 하나님의 나라와 그의 의를 구하는 일에 삶의 최우선순위를 둔다.(마태복음 6:33)
2. 그는 하나님의 뜻이 자신의 삶에서 이루어지도록 하기 위하여 어떤 값이라도 기꺼이 지불할 준비가 되어 있다.(디모데후서 2:2-3)
3. 그는 하나님의 말씀을 사랑한다.(예레미야 15:16)
4. 그는 종의 마음을 가지고 있다.(마태복음 20:26-28)
5. 그는 육체를 신뢰하지 않는다.(로마서 7:18)
6. 그는 독립적인 기질을 가지고 있지 않다.(고린도후서 3:5)
7. 그는 사람들을 사랑한다.(요한일서 4:11)
8. 그는 쓴 뿌리의 올무에 걸리지 않는다.(히브리서 12:15)
9. 그는 자신의 생활을 훈련할 줄 안다.(고린도전서 9:24-27)

당신이 돕고 있는 사람은 이러한 특징들을 나타내 보이고 있습니까? 이러한 영역들에서 성장과 발전을 보이고 있습니까? 또는 이를 위해 힘쓰고 있습니까? 만일 그렇지 않다면, 당신은 충성스럽지 않은 사람에게 당신의 삶을 투자하고 있는 것입니다. 잠언 25:19에, "환난 날에 진실치 못한 자를 의뢰하는 의뢰는 부러진 이와 위골된 발 같으니라"고 하였습니다. 그러나 무엇보다도 당신 자신이 충성된 사람인가를 주의 깊게 평가해 보아야 합니다. 하나님께서는 충성된 사람에게 충성된 사람을 주십니다.

일대일 사역을 시작하는 방법

1. 예수님께서 목마른 영혼들을 찾으셨듯이, 먼저 심령이 굶주리고 목마른 영혼을 주시도록 기도하십시오. "명절 끝날 곧 큰 날에 예수께서 서서 외쳐 가라사대, '누구든지 목마르거든 내게로 와서 마시라'"(요한복음 7:37).
2. 우리에게 사람을 주시는 분은 하나님이심을 기억하십시오. 예수님께서는 이렇게 기도하셨습니다. "세상 중에서 내게 주신 사람들에게 내가 아버지의 이름을 나타내었나이다. 저희는 아버지의 것이었는데 내게 주셨으며 저희는 아버지의 말씀을 지키었나이다.… 내가 저희를 위하여 비옵나니, 내가 비옵는 것은 세상을 위함이 아니요 내게 주신 자들을 위함이니이다. 저희는

아버지의 것이로소이다"(요한복음 17:6,9). "사울도 기브아 자기 집으로 갈 때에 마음이 하나님께 감동된 유력한 자들은 그와 함께 갔어도"(사무엘상 10:26). "모세가 여호와께 여짜와 가로되, '여호와, 모든 육체의 생명의 하나님이시여, 원컨대 한 사람을 이 회중 위에 세워서 그로 그들 앞에 출입하며 그들을 인도하여 출입하게 하사 여호와의 회중으로 목자 없는 양과 같이 되지 않게 하옵소서.' 여호와께서 모세에게 이르시되, '눈의 아들 여호수아는 신에 감동된 자니, 너는 데려다가 그에게 안수하고 그를 제사장 엘르아살과 온 회중 앞에 세우고 그들의 목전에서 그에게 위탁하여 네 존귀를 그에게 돌려 이스라엘 자손의 온 회중으로 그에게 복종하게 하라'"(민수기 27:15-20).

나는 오랫동안 모세가 여호수아를 택하여 그를 대신하게 했다고 생각했습니다. 그러나 그게 아니었습니다. 하나님께서 여호수아를 택하셨습니다.

"주님, 제가 제 삶을 투자할 사람을 택하여 주옵소서" 하고 기도하십시오.

3. 성경공부 모임에 참석하는 사람들 중에서 다른 사람들

보다 성장이 빠른 사람들을 주의해 보십시오.

4. 그들 중 한 사람(또는 많아야 두 사람)에게 특별한 영적 훈련을 위해 당신과 개인적으로 만날 의향이 있는지 물어보십시오.

5. 이 훈련을 위해 그가 치러야 할 값에 대하여 설명해 주고 그것에 대해 기도해 보게 하십시오. 내가 10여 년 전 교회의 평신도들을 위한 '삼갈 프로그램'이란 훈련 프로그램을 만들었을 때의 일입니다. 나는 그 훈련 프로그램을 위해 봉사할 충성된 사람들을 찾고 있었습니다. 관심이 있는 사람은 아무나 다음 2-3주 내로 나를 찾아오게 했습니다. 나는 단지 이렇게 기도했습니다. "주님, 제게 주님께서 택하신 몇 명을 주십시오." 다섯 명이 왔습니다. 나는 자격 요건을 제시했습니다. 높은 수준이 요구되었습니다. 다섯 명은 집으로 돌아가 기도한 다음 그 도전을 받아들이기로 하였습니다.

어른다운 것을 요구하면 어른들을 얻을 것이요, 아이들 같은 것을 요구하면 아이들을 얻습니다.

6. 그가 여전히 관심을 가지고 있으면 디모데후서 2:2의 원리와 충성된 사람의 9가지 특성에 대하여 설명해 주

십시오. 그리고 그가 기꺼이 이 수준에 도달하려 하고 또한 자원하여 배우려는 마음이 있다면 그와 일대일 개인 교제를 시작하십시오.

7. 시작할 날짜와 시간을 정하십시오. 1주에 한 번 정도가 좋습니다. 사정에 따라서는 2주에 한 번 만날 수도 있습니다.

8. 2-3개월이 지난 후 이 개인 교제를 계속할 가치가 있는지, 또한 변화가 필요하지는 않은지 평가하십시오. 충성된 사람을 찾는 데는 오랜 시간이 걸립니다. 그러므로 인내하십시오. 반드시 충성된 사람을 얻을 것입니다. 여기서 말하는 충성된 사람이란 충성된 사람 이상임을 기억하십시오. 그는 또 다른 사람을 가르칠 수 있게 되어야 합니다(디모데후서 2:2).

당신이 주님 안에서 영적으로 아직 너무 어리다고 생각하지 마십시오. 당신은 본을 보여 주는 사람으로서 그보다 단지 한 발만 앞서 있으면 됩니다.

그러면 그에게 무엇을 가르쳐 주어야 합니까? 당신의 영적 아버지가 당신에게 가르쳐 준 것을 모두 가르쳐 주십시오.

모든 그리스도인은 스스로 다음과 같은 두 가지 질문을 해봐야 합니다. 첫째, '나의 바울은 누구인가?' 당신의 영적 아버지는 누구입니까? 당신을 영적으로 도와주고 있는 사람은 누구입니까? 둘째, '나의 디모데는 누구인가?' 당신의 영적 아들은 누구입니까? 당신이 영적으로 돕고 있는 사람은 누구입니까?

일대일 사역의 일반적인 지침

1. 일대일 개인 교제를 위하여 항상 준비를 잘하도록 하십시오. 함께 만나서 시간을 보내기 전에 기도하며 준비하십시오. 당신은 당신과 같은 종류의 사람을 재생산한다는 것을 기억하십시오. 당신이 매일 아침 일찍 일어나 주님과 교제하는 일에 충성스럽다면 당신이 돕고 있는 사람 역시 그런 사람이 될 것입니다. 당신이 약하면 당신은 약한 사람을 재생산할 것입니다. 당신이 성경 암송에 아주 열심이라면 그도 또한 열심히 성경 암송을 할 것입니다. 성경 암송이 당신에게 아무 의미도 없다면 그에게도 역시 성경 암송은 아무 의미가 없을 것입니다. 당신의 삶으로 가르치십시오. 이것은 말로 가르치는 것보다 더 많은 것을 그에게 가르쳐 줍니다. 이것은 다른 영역에서도

마찬가지입니다.

2. 그의 마음을 얻는 데 목표를 두십시오. 잠언 27:19에, "물에 비취이면 얼굴이 서로 같은 것같이 사람의 마음도 서로 비취느니라"고 하였습니다. 그와 만나기 전에, "주님, 그의 마음을 제게 주십시오" 하고 기도하십시오.

3. 당신은 당신이 경험한 이상으로 그를 이끌 수 없다는 것을 기억하십시오. 당신 자신도 실제로 경험해 보지 않아서 대략적으로밖에 모르는 것을 그에게 가르치고 훈련시킬 수는 없는 것입니다.

4. 당신의 삶으로 본을 보임으로써 가르치십시오. 바울이 빌립보서 4:9에서 말한 것이 바로 이것입니다. "너희는 내게 배우고 받고 듣고 본 바를 행하라. 그리하면 평강의 하나님이 너희와 함께 계시리라."

일대일 사역을 하려면 반드시 자신이 먼저, 가르치고자 하는 내용대로 사는 사람이 되어야 합니다. 배우는 사람은 가르치는 사람의 말보다는 본을 더 빨리 따릅니다.

5. 아무것도 당연시하지 마십시오. 그와 일대일 교제를 처음 시작할 때 그에게 제시한 것은, 그것이 무엇이든지 간에, 점검하고, 점검하고, 또 점검하십시오. '당연히 했겠지' 하고 그냥 넘어가서는 안 됩니다. 그의 말을 의심해서가 아니라, 그를 더 잘 도우려는 목적에서입니다.

6. 모든 것을 반복하십시오. 그에게 무엇을 가르쳤으면, 그가 다시 당신에게 그것을 이야기하게 하십시오. "'대저 경계에 경계를 더하며 경계에 경계를 더하며, 교훈에 교훈을 더하며 교훈에 교훈을 더하되, 여기서도 조금 저기서도 조금 하는구나' 하는도다"(이사야 28:10).

오스트레일리아 네비게이토 사역의 초창기, 내가 도왔던 존 리지웨이와 몇 명의 젊은 대학생들은 이 원리를 잘 기억하고 있었습니다. 나는 존 리지웨이와 그래함 프렌치와 일대일 개인 교제를 가지곤 했는데, 교제가 끝나면 그들은 서로에게, "그분이 오늘 너에게 무엇을 가르쳐 주셨니?" 하고 묻곤 했습니다. 그러면 대답은 "한 두어 달 전에 가르쳐 주신 것을 그대로 가르쳐 주시던데"였습니다. 최근 존은 말하기를, 내가 그때 계속 반복해서 가르쳐 준 것이 얼마나 기쁜지 모르겠다고 하였습니다. 그는 이렇게 말했습니다. "그것들이 내 삶의 일부가 되었기 때문이지요."

되풀이하는 것에 대하여 미안해하지 마십시오. 당신이 말한 것을 노트에 적게 하십시오. 적은 후 그것을 다시 당신에게 읽어 주게 하십시오. 이때 종종 그가 당신의 말을 100% 이해하지는 못한 것이 있다는 것을 발견하게 될 것입니다.

7. 그가 할 수 있을 만한 과제를 주십시오. 잠언 13:19에, "소원을 성취하면 마음에 달아도…"라고 했습니다. 그는 조그만 과제를 성공적으로 해나감으로써 성취감을 맛보게 되고 더욱 큰 동기력을 얻게 됩니다. 당신이 가지고 있는 모든 것을 그에게 삽으로 퍼 넣어 주려고 해서는 안 됩니다. 그에게는 그것을 감당할 능력이 없을 것입니다. 한 숟가락씩 조금씩 주십시오. 아마 이것이 훨씬 더 효과적일 것입니다. "교훈에 교훈을 더하며 교훈에 교훈을 더하되, 여기서도 조금 저기서도 조금 하는구나"(이사야 28:10).

30여 년 전 아내와 나는 시드니 근교에 집을 한 채 새로 지었습니다. 우리는 대문 양옆에다 아름다운 소나무 두 그루를 심었습니다. 나는 소나무에 제대로 물을 줄 시간이 없었습니다. 그 당시 사업상 바빴기 때문입니다. 나는 그리스도인이 된 후에도 여전히 바쁜 사람이었기 때문에 물을 제대로 주지 못했습니다. 30여 년 동안 나는 그 두 그루의 소나무를 주님께 맡겨 버린 셈입니다.

그런데 이상한 것은 대문 왼쪽의 소나무는 높이가 6미터에다가 둘레도 4미터나 되었지만, 오른쪽에 있는 소나무는 같은 날 심었는데도 높이 2미터에 둘레도 1.5미터밖에 되지 않았습니다. 왼쪽의 소나무는 아주 건강하게 보였지만, 오른쪽의 소나무는 그렇게 건강해 보이지 않았습니다.

이유가 뭘까요?

이유인즉 키가 큰 소나무 밑에는 수도관이 있었는데, 여기서 물이 조금씩 새어 천천히 똑똑 떨어지고 있었습니다. 나는 30여 년 동안 배관공도 불러다 고쳐도 보았지만 소용이 없었습니다. 물론 지금도 여전히 한 방울씩 천천히 떨어지고 있습니다. 이것은 아주 작은 양에 불과했지만 그 소나무에 언제나 물을 주고 있었던 것입니다.

이 원리를 사용하십시오. 조그만 것이지만 쌓이면 큰 것이 됩니다. 처마에서 떨어지는 낙숫물이 바위를 뚫듯이 말입니다. 그에게 하루에 아침 식사 전 7분간씩 하나님과 교제하는 시간을 갖게 하십시오. 처음부터 하루에 1시간씩 하게 하지 마십시오. 때가 되면 7분은 14분이 되고, 14분은 28분이 될 것입니다.

8. 가능한 한 많이 그를 데리고 다니십시오. 당신이 전도할 때 그를 데리고 다니십시오. 이것이 바로 예수님의 방법이었습니다. "이에 열둘을 세우셨으니 이는 자기와 함께 있게 하시고 또 보내사 전도도 하며"(마가복음 3:14). 예수님께서는 제자들을 데리고 다니셨습니다.

9. 그에게 과제를 줄 뿐만 아니라 점검을 하십시오. 그에게 과제를 주었으면 그가 했는지 다음 시간에 반드시 점검을 하기 바랍니다. 그렇게 할 때 그는 당신이 그에게 관심을 가지고 있다는 것을 깨달을 것입니다. 그리고 앞으로 잘하려고 노력할 것입니다.

10. 가능한 한 예화를 많이 사용하십시오. 귀를 통해서뿐 아니라 눈을 통해서도 배우게 하십시오. 수레바퀴 예화, 말씀의 손, 기도의 손, 다리 예화 등 기타 많은 예화들이 있습니다. 옛말에 "그림 한 장이 수천 마디 말보다 낫다"고 했습니다. 백문이 불여일견인 것입니다. 눈으로 보면 귀로 듣는 것보다 더 빨리 이해할 수 있습니다.

11. 당신의 삶 전체를 그와 함께 나누십시오. 당신의 강점뿐 아니라 당신의 약점까지도 나누십시오. 그 앞에서 자신을 투명하게 하십시오.

한번은 성경 암송이라는 주제로 설교를 한 적이 있습니다. 나는 내가 어떻게 성경 암송의 동기력을 얻게 되었는가를 설명하고 나서 아울러 성경 암송이 내게는 참으로 힘들었다는 사실도 고백했습니다. 그러고 나서 남들이 어떤 성경 구절을 스무 번 외어 암송했다면 나는 마흔 번을 외어야 했다고 말해 주었습니다. 그러나 나는 성경 암송의 가치를 알고 있기 때문에 동기를 얻고 열심히 노력했다고 했습니다.

얼마 후, 내 설교를 들은 사람 중 한 사람이 내게 와서 말하기를, 내가 성경 암송을 위해서 그렇게 열심히 힘썼다는 것을 듣고 정말 격려가 되었다고 했습니다. 그는 이렇게 말을 이었습니다. "나는 당신만큼은 그렇게 힘들지 않았지만, 당신이 그처럼 암송을 계속하고 있다면 나라고 실망할 이유가 없다고 생각했습니다. 나도 다시 힘을 내어 암송을 열심히 하기로 결심했습니다."

당신이 돕고 있는 사람에게 당신 자신을 활짝 여십시오.

12. 친구로서 그와 나누십시오. 선생과 학생의 태도로 하지 마십시오. 당신이 그와 나누는 모든 것들에 대하여 항상 열정적이 되십시오. 모든 기회를 이용하여 그를 격려하십시오.

13. 그에게 어떤 것을 가르칠 때는 반드시 그 실행 방법까지도 보여 주십시오. 우리는 사람들에게 무엇을 해야 할지에 대하여는 길게 이야기하면서, 그것을 어떻게 하는지에 대하여는 간단히 보여 주고 맙니다.

14. 각 개인의 필요에 맞게 당신의 양육 계획을 세우십시오. 왜냐하면 사람마다 그 필요가 다 다르기 때문입니다. 모든 사람을 하나의 틀 속에 집어넣으려고 하지 마십시오.

15. 그리스도의 주재권에 대하여 계속 나누십시오. "오늘날 다윗의 동네에 너희를 위하여 구주가 나셨으니 곧 그리스도 주시니라"(누가복음 2:11). "무릇 내게 오는 자가 자기 부모와 처자와 형제와 자매와 및 자기 목숨까지 미워하지 아니하면 능히 나의 제자가 되지 못하고, 누구든지 자기 십자가를 지고 나를 좇지 않는 자도 능히 나의 제자가 되지 못하리라.… 이와 같이 너희 중에 누구든지 자기의 모든 소유를 버리지 아니하면 능히 내 제자가 되지 못하리라"(누가복음 14:26-27,33).

16. 가르침의 5단계를 이용하십시오.
(1) 이유를 말해 줄 것
(2) 방법을 보여 줄 것
(3) 시작하게 할 것

(4) 지속하게 할 것

  (5) 재생산하게 할 것(디모데후서 2:2)

17. 그가 생의 목표를 세우도록 도우십시오. 예를 들면, '나의 생의 목표는 그리스도를 알고 그를 알게 하는 것이다'(빌립보서 3:20, 골로새서 1:27-29) 등. 그리스도를 아는 것은 수레바퀴 예화의 수직의 살, 그리스도를 알게 하는 것은 수평의 살을 나타내고 있습니다.

18. 그를 자라게 하는 분은 하나님이심을 기억하십시오. "여호와께서 집을 세우지 아니하시면 세우는 자의 수고가 헛되며, 여호와께서 성을 지키지 아니하시면 파수꾼의 경성함이 허사로다"(시편 127:1). 바울은 이렇게 말했습니다. "나는 심었고 아볼로는 물을 주었으되 오직 하나님은 자라나게 하셨나니, 그런즉 심는 이나 물 주는 이는 아무것도 아니로되 오직 자라나게 하시는 하나님뿐이니라"(고린도전서 3:6-7). "너희 안에서 행하시는 이는 하나님이시니 자기의 기쁘신 뜻을 위하여 너희로 소원을 두고 행하게 하시나니"(빌립보서 2:13). 그를 양육하고 훈

련시키시는 분은 하나님이시라는 사실을 결코 잊지 마십시오. 하나님께서 그 사람을 세우십니다.

일대일 개인 교제 시간을 위한 실제적인 제안

다음은 단지 하나의 윤곽을 제시한 것입니다. 이것을 당신의 상황에 맞게 응용하기 바랍니다. 여기에 덧붙일 수도 있고 뺄 수도 있습니다.

1. 그와 교제하기 위해 만나기 전에 항상 기도하십시오. "이제 가라. 내가 네 입과 함께 있어서 할 말을 가르치리라"(출애굽기 4:12)는 말씀을 기억하면서 주님의 도우심을 간구하십시오.

2. 가능하면 그가 당신을 방문하게 하십시오. 배우기 위해서는 시간과 수고의 대가를 치러야 한다는 것을 가르치는 의미도 있고, 영적인 일을 위해 당신은 그보다 더

많은 시간을 확보해야 하기 때문입니다.

3. 그가 오면 항상 따뜻한 악수와 미소로 맞이하십시오. 이것은 간단하고도 작은 일이지만 항상 그렇게 쉬운 것만은 아닙니다. 그로 하여금 환영받는다는 것을 느끼게 하십시오.

4. 밤인 경우에는 현관에 불을 켜 두십시오. 거실 역시 불을 켜두십시오. 이것을 보고 그는 당신이 그를 기다리고 있다는 것을 확신하게 됩니다.

5. 항상 시간을 잘 지키십시오. "모든 것을 적당하게 하고 질서대로 하라"(고린도전서 14:40). 8시에 시작하기로 했으면 8시에 시작하십시오. '삼갈 프로그램'에서는 시간을 철저히 지킵니다. 군대 생활을 해본 사람은 알겠지만 군대에서는 1분만 늦어도 큰일 납니다. 하물며 그리스도인의 삶이 이보다 더 수준이 낮아서 되겠습니까? 또한 끝마치는 시간 역시 지키도록 하십시오. 정각에 시작하고 정각에 마치십시오.

6. 항상 단정한 옷차림을 하십시오. 그렇다고 하여 꼭 양복에 넥타이를 매라는 것은 아닙니다. 단정한 복장이면 됩니다. 교제 장소도 잘 정돈되어 있어서 안락한 분위기를 느끼게 해야 하며, 분위기가 어수선한 느낌을 주어서는 안 됩니다. 나란히 앉기보다는 서로 마주 보고 앉으십시오. 서로 눈을 마주 쳐다보십시오. 그의 눈을 쳐다보는 것은 매우 중요합니다.

7. 먼저 잠시 격식 없이 잡담을 나누십시오. 당신이 그를 방문하는 경우 그의 가족에게 인사를 하십시오. 그에게 지난 일주일 동안 학교 혹은 직장, 가정에서, 기타 생활에서 일어난 일들에 대하여 아무거나 자연스럽게 이야기하게 하십시오. 그리고 그의 말을 잘 들으십시오. 당신만 이야기해서는 안 됩니다. "여호와여, 내 입 앞에 파수꾼을 세우시고 내 입술의 문을 지키소서"(시편 141:3). 적어도 잠시 동안 그로 하여금 몇 가지 정도를 이야기하게 하십시오. 나에게 큰 도움을 주었던 성경 말씀은 야고보서 1:19입니다. "내 사랑하는 형제들아, 너희가 알거니와 사람마다 듣기는 속히 하고 말하기는 더디 하며 성내

기도 더디 하라." 하나님께서는 우리에게 두 개의 귀와 한 입을 주셨습니다. 그러므로 우리는 말하는 것보다 2배 만큼 들어야 합니다.

8. 항상 기도로 교제를 시작하십시오. 그가 믿은 지 얼마 안 되어 영적으로 어린 경우에는 기도를 간단하게 하십시오.

9. 첫 번째 개인 교제 시간이라면 그의 구원의 확신을 점검하십시오. 그가 성경 말씀에 근거한 확신을 가지게 하십시오. 만일 구원의 확신이 없다면 다음 세 가지 성경 말씀을 그에게 주십시오.
   (1) 요한계시록 3:20. 부활하신 그리스도께서는 우리가 그분을 우리 마음과 삶 속에 영접할 때 우리 속에 들어오시겠다고 약속하셨습니다. '혹 안 들어오실지도 모른다'가 아닙니다. 그분은 반드시 들어오십니다.
   (2) 요한복음 1:12. 우리가 그리스도를 우리 속에 영접할 때 어떤 사람이 되는가를 이 말씀은 보여 줍

니다. 우리는 하나님의 자녀가 되는 것입니다.
(3) 요한일서 5:11-12. 이 말씀은 우리가 그리스도를 우리 속에 모셔 들일 때 무엇을 얻게 되는가를 말해 줍니다. 그것은 곧 영생입니다.

당신이 그의 구원을 점검해야만 하는 이유는, 솔직히 말하자면, 그가 성령으로 말미암아 거듭나지 않았다면 그를 양육한다는 것은 쓸데없는 일이기 때문입니다. 생명이 없는 아이에게 음식을 먹일 수는 없습니다. 구원의 확신을 점검하는 것은 양육의 첫걸음입니다. 속담에 "천리 길도 한 걸음부터"라는 말이 있습니다.

당신이 예수 그리스도를 영접한 날짜나 구원의 확신을 가지게 된 날짜를 안다면 당신 성경의, 위에서 말한 세 구절 옆에 적어 두기 바랍니다. 당신이 돕고 있는 사람이 그 날짜가 무엇인지 물으면 당신은 설명과 함께 그도 그렇게 하도록 권면하십시오. 아내와 나는 1959년 4월 12일이라고 성경에 적어 두었습니다. 우리는 같은 날 같은 시각에 주님을 영접했습니다.

10. 지난번 만나 교제한 이후로 받은 축복들을 서로

나누십시오. 하나님의 손길의 증거들, 하나님의 인도하심, 또는 하나님과의 개인적인 교제에서 얻은 축복 등등.

11. 그의 매일의 훈련과 우선순위를 계속 점검하십시오. 1-2주 전에 내준 과제를 점검하십시오. "지난 일주일 동안 경건의 시간은 어떻게 되었습니까?" 또는 "지난 일주일간 아침 식사 전 7분간 경건의 시간을 가졌습니까?" 하고 물으십시오.

그가 아침에 늦게 일어난다면 아침에 조금 일찍 일어날 수 있도록 전날 조금 일찍 자도록 권면하십시오. 그는 뭔가 값을 치러야 할지도 모릅니다. 중요하다고 느끼거나 재미있는 TV 프로그램을 보지 않고 잠자리에 들어야 한다든지 말입니다. 그리스도의 제자에게는 이러한 변화가 필요합니다. 그로 하여금 이렇게 결심하게 하십시오. "주님, 성경을 보지 않고는 아침 식사를 하지 않겠습니다." 욥은 하루 세끼 식사보다 주님의 말씀을 귀히 여겼다고 했습니다. "내가 그의 입술의 명령을 어기지 아니하고 일정한 음식보다 그 입의 말씀을 귀히 여겼구나"(욥기 23:12). 예수님께서는 하나님 아버지를 만나기 위해 아침 일찍 일어나시는 본을 보여 주셨습니다. "새벽 오히려 미명에 예수께서 일어나 나가 한적한 곳으로 가사 거기서 기도하시더니"(마가복음 1:35). 점검할 내용은 대개 다음과 같습니다.

(1) 매일의 경건의 시간

(2) 매일의 성경 읽기. 읽은 말씀 중에서 적용할 내용을 간단히 노트에 적은 것.

(3) 성경 암송. 지난주에 암송한 구절들의 복습 및 새로 암송한 구절들의 점검. 만일 '주제별 성경 암송(60구절)'을 마쳤다면 전체적으로 점검할 수도 있습니다.

(4) 성경공부. 특히 적용 질문들을 점검하십시오.

(5) 증거. 그날 어떤 사람에게 예수 그리스도에 대하여 이야기할 기회를 달라고 그는 매일 기도하고 있습니까? 그는 전도지나 전도용 소책자를 가지고 다닙니까? 그의 간증은 명확하며 예리합니까?

12. 제자삼는 비전을 그와 계속 나누십시오. 제자가 되며, 제자를 삼으며, 제자삼는 자를 기르는 것에 대하여

자주 이야기하십시오. 당신이 한 사람을 제자로 삼기 전에 당신 자신이 먼저 제자가 되어야 한다는 것을 잊지 마십시오. "'그러므로 너희는 가서 모든 족속으로 제자를 삼아 아버지와 아들과 성령의 이름으로 세례를 주고 내가 너희에게 분부한 모든 것을 가르쳐 지키게 하라. 볼지어다. 내가 세상 끝 날까지 너희와 항상 함께 있으리라' 하시니라"(마태복음 28:19-20).

13. 항상 수레바퀴의 삶에 초점을 맞추십시오. 특히 '중심되신 그리스도'에 중점을 두십시오. 고린도전서 3:11에, "이 닦아 둔 것 외에 능히 다른 터를 닦아 둘 자가 없

으니 이 터는 곧 예수 그리스도라"고 했습니다. 그리스도만이 유일한 기초이십니다.

승리하는 성령 충만한 삶을 사는 열쇠는 우리가 하는 모든 일의 주인이시며 중심이 되시는 예수 그리스도이십니다. 그리스도께서 삶을 지배하실 때 그 생활은 균형 잡힌 효과적인 생활이 됩니다.

14. 디모데후서 2:2의 원리를 계속 그에게 이야기하십시오. "당신의 디모데는 어떻게 되어 가고 있습니까?" "당신은 충성된 사람을 주시도록 기도해 보았습니까?" 하고 그에게 물어보십시오.

충성된 사람들에게 집중하십시오. 그는 또 다른 사람들을 가르칠 수 있을 것입니다. 바울 역시 다른 충성된 사람들-디도, 실라 등-과 시간을 보냈습니다. 예수님께서는 3년 동안 계속 열두 명과 그분의 시간의 대부분을 보냈으며, 그중에서도 베드로, 요한에게 특별한 관심을 기울이셨습니다. 이들은 후에 교회의 기둥이 되었습니다(갈라디아서 2:9).

15. 항상 그리스도인의 기본적인 생활의 중요성을 그와 계속 나누십시오. 기본적인 생활은 수레바퀴 예화에 나타나 있습니다.

16. 가능하면 성경 말씀을 통하여 그의 필요를 채워 주십시오. 그에게 질문을 하십시오. 그가 당신과 함께 계속 기도하기를 원하는 것이 있는지 알아내십시오. 그가 은밀히 나누기를 원하는 것은 없습니까?

17. 매 교제 시마다 그에게 적당한 과제를 주십시오. 반복하는 말이지만 몇 가지 개인적으로 탐구할 과제를 가지는 것은 중요한 일입니다. 당신이나 그나 모두 그 과제를 노트나 수첩에 적으십시오. 그래야 잊지 않습니다.

18. 그가 주장하고 있는 새로운 약속의 말씀들을 나누게 하십시오.

19. 정시에 마치십시오. 그에게 끝마치는 기도를 간단히 하게 하십시오.

20. 다음 만날 날짜와 시간을 정하십시오. 역시 적으십시오.

21. 그와 함께 교제한 것에 대해 그에게 감사하십시오. 잠언 11:25을 그와 함께 나누십시오. "구제를 좋아하는 자는 풍족하여질 것이요, 남을 윤택하게 하는 자는 윤택하여지리라."
"오늘 이 시간에 대하여 감사하네. 나에게 정말 축복된 시간이었네." 이것은 간단하면서도 격려를 주는 말입니다.

22. 대문 또는 현관 밖까지 나가 악수하고 웃으면서 그를 전송하십시오.

23. 그 다음 안으로 들어가서 오늘 이 개인 교제 시간에 대하여 하나님께 감사 기도를 하십시오.

✱ 네비게이토 소책자 시리즈 ✱

1. 성경암송을 통하여 주님께로 돌아오다 ·················· 도슨 트로트맨
2. 시대의 요청 ··· 도슨 트로트맨
3. 재생산을 위한 출생 ··· 도슨 트로트맨
4. 수레바퀴 예화 ··· 네비게이토
5. 일대일 사역 ··· 잭 그리핀

6. 제자의 특징 ··· 론 쎄니
7. 하나님의 뜻을 아는 법 ··· 러쓰 존스톤
8. 기도의 하루를 보내는 방법 ·· 론 쎄니
9. 기도 응답을 받는 방법 ··· 제리 브릿지즈
10. 경건한 여인 ··· 라일라 스팍스

11. 전도를 즐기는 삶 (영문판 : A Life That Enjoys Evangelism) ····· 하진승
12. 섬김을 위한 부르심 ·· 레이 호
13. 정 직 ··· 헬렌 애쉬커
14. 그리스도를 닮아감 ·· 짐 화이트
15. 최후의 승리를 얻기까지 ··· 월터 헨릭슨

16. 전도의 열정 ··· 로버트 콜만
17. 영적인 의지력 ··· 제리 브릿지즈
18. 사고방식의 변화 ·· 조지 산체스
19. 대인 관계의 성서적 지침 ··· 조지 산체스
20. 말씀의 손 예화 ··· 네비게이토

21. 열 심 (영문판 : ZEAL) ··· 하진승
22. 원만한 결혼 생활 ··· 잭 & 캐롤 메이홀
23. 조지 뮬러 ·· A. 심즈
24. 말씀 중심의 삶 ··· 하진승
25. 주제별 성경 암송 제1권 ·· 네비게이토

26. 주제별 성경 암송 제2권 ·· 네비게이토
27. 주제별 성경 암송 제3권 ·· 네비게이토
28. 서로 돌아보아 ··· 하진승
29. 양 육 ·· 네비게이토
30. 경건이란 무엇인가 ·· 제리 브릿지즈

31. 권위와 복종 ·· 론 쎄니
32. 고난 중 도우시는 하나님 ·· 샌디 에드먼슨
33. 기도의 특권을 누리자 ··· 하진승
34. 은혜로운 말 ·· 캐롤 메이홀
35. 하나님을 의뢰함 ·· 제리 브릿지즈

36. 친밀한 부부 관계의 원리 ····································· 짐 & 제리 화이트
37. 배우는 자로 살자 (영문판 : Live as a Learner) ·················· 하진승
38. 합력하여 선을 이루시는 하나님 ······························· 리처드 크렌즈
39. 고난 중의 소망 ·· 덕 스팍스
40. 청년의 시기를 어떻게 보낼 것인가 (영문판 : How to Live Out Our Youth) ··· 하진승

✱ 네비게이토 소책자 시리즈 ✱

41. 약속을 주장하는 삶 ·· 덕 스팍스
42. 경건의 시간을 갖는 법 ···························· 워렌 & 룻 마이어즈
43. 개인의 중요성 ··· 론 쎄니
44. 헌 신 ··· 로버트 보드만
45. 내가 배운 교훈들 ··· 오스왈드 샌더스

46. 하나님의 말씀은 ··· 하진승
47. 현숙한 여인 ·· 신시아 힐드
48. 어떻게 친구를 사귈 것인가 ··················· 제리 & 메리 화이트
49. 외로움을 느낄 때 ······································ 엘리자베스 엘리엇
50. 하나님께서는 당신의 직업을 귀히 여기신다 ········· 셔먼 & 헨드릭스

51. 자녀의 자부심을 키워 주는 법 ············· 게리 스몰리 & 존 트렌트
52. 직장 생활에서 낙심될 때 ······································ 덕 셔먼
53. 스트레스를 다루는 법 ··· 단 워릭
54. 서로 의견이 엇갈릴 때 ······················· 잭 & 캐롤 메이홀
55. 그리스도인의 삶의 올바른 동기 ······························· 하진승

56. 나를 기뻐하시며 사랑하시는 하나님 ···················· 룻 마이어즈
57. 제자삼는 삶의 동기력 ·································· 짐 화이트
58. 기도 - 보이지 않는 적과의 싸움 ···················· 제리 브릿지스
59. 효과적인 간증 ··· 데이브 도슨
60. 감격하며 살아야 할 그리스도인 ······························· 하진승

61. 믿음의 경주 ·· 잭슨 양
62. 사도 바울의 영적 지도력 ······························· 오스왈드 샌더스
63. CARE(서로 보살피는 부부) ·································· 하진승
64. 참 특이한 기도(PPP : Pretty Peculiar Prayers) ············· 하진승
65. 모세의 순종 ··· 웡킴톡

66. 상급으로 주신 자녀 ··· 하진승
67. 하나님께서 쓰시는 사람 ···································· 월터 헨릭슨
68. 기도의 본 ·· 워렌 & 룻 마이어즈
69. 다윗의 한 가지 소원 ·· 조이스 터너
70. 생명을 구하는 삶 ···································· 피터슨 & 드렐켈드

71. 순종의 축복 ·· 마르다 대처
72. 참 좋으신 하나님 아버지 ································ 리로이 아임스
73. 하늘에 보물을 쌓는 삶 ···································· 잭 메이홀
74. 거룩 : 하나님께 성별된 삶 ·································· 헬렌 애쉬커
75. 가정의 중요성 (영문판 : Importance of Home & Family) ······ 하진승

76. 날마다 제 십자가를 지고 (영문판 : Taking Up the Cross Daily) ······ 하진승
77. 제자의 올바른 태도 ·· 론 쎄니
78. 주님의 부르심을 따라가는 삶 ····································· 하진승

일대일 사역

1985년 11월 25일 초판 1쇄 발행
2013년 4월 25일 개정 1쇄 발행
2023년 12월 13일 개정 4쇄 발행

펴낸곳: 네비게이토 출판사 ⓒ
주소: 03784 서울시 서대문구 연희로 16 (창천동)
전화: 334-3305(대표), 334-3037(주문), FAX: 334-3119
홈페이지: http://navpress.co.kr
출판등록: 제10-111호(1973년 3월 12일)
ISBN 978-89-375-0465-5 02230

본 출판사의 서면 허락 없이는 본서의 전부 또는
일부의 무단 복제, 또는 원문에 대한 무단 번역을 금합니다.